La dama del árbol

LA HISTORIA REAL DE CÓMO UNA MUJER AMANTE DE LOS ÁRBOLES CAMBIÓ UNA CIUDAD PARA SIEMPRE

Escrito por H. Joseph Hopkins

Ilustrado por Jill McElmurry

Traducción de Inma Serrano

Beach Lane Books   NUEVA YORK   LONDRES   TORONTO   SÍDNEY   NUEVA DELHI

KATHERINE OLIVIA SESSIONS creció en los bosques del norte de California. Recogía hojas de robles y olmos. Coleccionaba agujas de pinos y secuoyas. Y las trenzaba con flores para hacer collares y pulseras.

Corría la década de 1860, y las niñas de la parte de la ciudad en la que vivía Kate no debían ensuciarse las manos.

Pero Kate se las ensuciaba.

Kate prestaba mucha atención en la escuela. Aprendió a escribir y a contar. Memorizaba los poemas y los cuentos que leía. Pero, ante todo, le gustaba estudiar el viento y la lluvia, los músculos y los huesos, las plantas y los árboles. Especialmente los árboles.

A la mayoría de las niñas se las desanimaba para que no estudiaran ciencias.

Pero Kate no se desanimó.

Quercus agrifolia

Ulmus americana

Sequoiadendron giganteum

Kate sentía que los árboles eran sus amigos. Le encantaba la forma en que se extendían hacia el cielo y cómo sus ramas se estiraban para captar la luz. A Kate, los árboles le parecían paraguas gigantes que los resguardaban a ella y a los animales, pájaros y plantas que vivían en el bosque.

No todo el mundo se siente como en casa en el bosque.

Pero Kate sí.

Cuando Kate creció, se fue de casa para estudiar ciencias en la universidad. Observó tierra e insectos a través de un microscopio. Aprendió cómo las plantas producían alimentos y cómo bebían agua. Y estudió árboles de todo el mundo.

Ninguna mujer se había graduado de la Universidad de California con un título en ciencias.

Pero en 1881, Kate lo hizo.

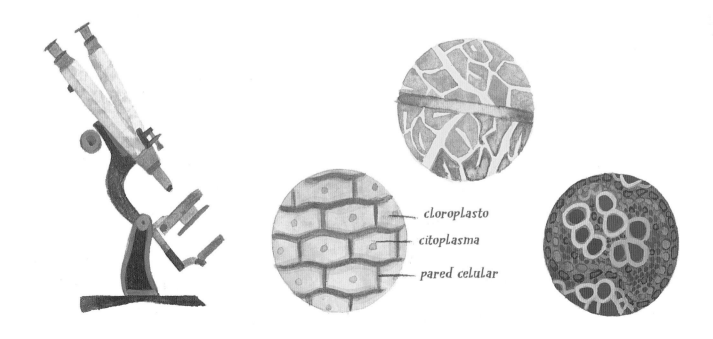

cloroplasto

citoplasma

pared celular

Después de graduarse, Kate aceptó un puesto de trabajo en el sur de California. Cuando su barco atracó en San Diego, vio que su nuevo hogar era una ciudad desértica.

Kate nunca pensó que viviría en un lugar con tan pocos árboles.

Pero ahora lo iba a hacer.

Kate comenzó su trabajo de maestra. También era la subdirectora de la escuela, por lo que tenía que asegurarse de que todos siguieran las reglas.

Kate añoraba estudiar ciencias y no estaba segura de querer permanecer en el trabajo.

Pero durante dos años, lo hizo.

Desde su escuela, Kate veía City Park, la «ciudad-parque», en las colinas sobre la ciudad. Se la llamaba «parque», pero no lo parecía. Era donde la gente llevaba a pastar a las vacas y tiraba basura.

La mayoría de la gente de San Diego creía que allí jamás podrían crecer árboles.

Pero Kate sí.

Con el amor de Kate por los bosques, pensó que San Diego necesitaba árboles más que cualquier otra cosa. Así que dejó la enseñanza para pasar a ser jardinera. Sabía que debía plantar árboles que pudieran vivir en tierra seca con mucho, mucho sol.

A sus amigos les preocupaba que Kate no encontrara árboles así.

Pero ella lo hizo.

Yuca

Eucalipto

Pino carrasco

Cirio

Árbol carcaj

Jacarandá

Ciprés italiano

Pino de cerdas cónicas

Pimentero brasileño

Palmera

Árbol de
coral desnudo

Árbol sangre de dragón

Kate se convirtió en rastreadora de árboles. Escribió cartas a jardineros de todo el mundo y les pidió que le enviaran semillas que pudieran crecer en un desierto. También viajó al sur hacia México para buscar árboles a los que les gustara el cálido clima seco y las colinas y cañones empinados.

No todos saben cómo rastrear árboles.

Pero Kate sí sabía.

Pronto, los árboles de Kate se plantaron a lo largo de las calles, alrededor de las escuelas y en pequeños parques y plazas de toda la ciudad. La gente compraba árboles del vivero de Kate y los plantaba en sus patios.

Desde olmos y robles hasta eucaliptos y palmeras, para el cambio de siglo,
los jóvenes árboles del vivero de Kate crecían en cada rincón de San Diego.

La mayoría de la gente no creía que un pueblo del desierto pudiera
sustentar tantos árboles.

Pero Kate sí.

Entonces, en 1909, los líderes de la ciudad anunciaron que en 1915 vendría a San Diego una gran feria llamada Exposición Panamá-California. La feria se llevaría a cabo en City Park, que ahora se llamaba Parque Balboa. Kate sentía que al Parque Balboa todavía le hacían falta más árboles, miles más, para lucir hermoso y dar sombra a los visitantes que asistirían a la feria.

Eran demasiados árboles para que Kate los plantara por sí misma, pero sabía que muchas personas podrían hacerlo juntas. Les pidió a sus amigos que trajeran a sus amigos al parque y participaran en fiestas para plantar árboles. Una y otra vez, la gente se ofreció para ayudar.

Esos voluntarios no estaban seguros de poder plantar suficientes árboles.

Pero en poco tiempo, lo hicieron.

Cuando abrió la feria, San Diego estaba lista. Millones de árboles y plantas colmaban el Parque Balboa. La feria tenía tantos visitantes que permaneció abierta por dos años en vez de uno. La gente vino de todas partes para ver las atracciones y pasear a la sombra fresca.

Los feriantes no podían creer que San Diego tuviera jardines tan magníficos.

Pero gracias a Kate, los tenía.

En los años posteriores a la feria, Kate recibió muchos premios por su trabajo, y la gente la empezó a llamar la madre del Parque Balboa. Continuó con la jardinería y la plantación de árboles hasta su muerte en 1940.

En aquel entonces, pocos podrían haberse imaginado que San Diego se convertiría en la ciudad exuberante y frondosa que es hoy.

Pero a lo largo de todo ese tiempo, año tras año, Katherine Olivia Sessions sí se lo imaginó.

Nota del autor

CUANDO KATE SESSIONS LLEGÓ A SAN DIEGO EN 1883, descubrió plantas nativas resistentes a la sequía que florecían en el clima mediterráneo de la región. También encontró plantas no nativas tropicales, como la flor de nochebuena y la buganvilla, que crecían al aire libre bajo los cielos soleados de la ciudad. Kate vio que el paisaje, que va desde la orilla del mar hasta las montañas y más al este hacia el desierto, incluía muchos subclimas. Esto hizo que el área fuera perfecta para el cultivo de una gran variedad de árboles y plantas. Sin embargo, City Park en San Diego estaba seca, polvorienta y casi yerma. Kate quería que eso cambiara.

En 1892, Kate hizo un trato con los líderes de la ciudad para usar un terreno en City Park para un vivero de plantas. A cambio, prometió plantar cien árboles en el parque cada año y dar a la ciudad trescientos árboles más para plantar en otros lugares. A la gente le encantaban los árboles de Kate y, a principios del siglo xx, uno de cada cuatro árboles que crecían en San Diego procedía de su vivero.

Aunque Kate es más celebrada por su trabajo en City Park, que luego pasó a llamarse Parque Balboa, no solo estaba interesada en grandes proyectos como la Exposición Panamá-California. Kate quería que *todos* tuvieran éxito en el jardín. Durante más de cuarenta años, escribió artículos en periódicos y revistas que mostraban plantas y explicaban cómo cuidarlas. Y durante décadas desempeñó un papel crucial en las reuniones mensuales de la Asociación Floral de San Diego, donde era adorada por sus respuestas brillantes, ingeniosas y alentadoras a las preguntas de los jardineros.

En 1939, tan solo un año antes de morir, Kate, de ochenta y dos años, asistió a un almuerzo festivo, un «asuntillo quisquilloso», como ella llamaba a estos eventos, donde fue la primera mujer en recibir la Medalla Meyer, un premio otorgado por el servicio ejemplar a la ciencia hortícola.

Kate recibió muchos honores durante su vida, pero el que más le agradó fue que la llamaran «madre del Parque Balboa». Gracias a Kate, el parque ha recorrido un largo camino desde sus humildes comienzos. Hoy sigue siendo un refugio para la gente de San Diego y para los catorce millones de visitantes que vienen cada año a disfrutar de su enorme variedad de árboles, arbustos, flores y enredaderas.

A Eunice, Lori y Wade,
por las horas felices con libros infantiles
—H. J. H.

A mis árboles favoritos de Nuevo México, el poderoso
álamo de Norteamérica y el elegante álamo temblón
—J. M.

Un agradecimiento especial a mi editora, Andrea Welch; a los docentes y estudiantes de la conferencia de libros-frente-a-la-playa, donde esta historia fue escrita por primera vez; al Centro de Historia de San Diego, al Museo de Historia Natural de San Diego, a la Sala California de la Biblioteca Pública de San Diego y a la Asociación Floral de San Diego; a Nancy Carol Carter de la Facultad de Derecho de la Universidad de San Diego; y a Elizabeth C. MacPhail por su libro *Kate Sessions: Pioneer Horticulturist*. Para obtener más información sobre Kate Sessions, visita el sitio sandiegohistory.org/archives/biographysubject/sessions/. —H. J. H.

Gracias a Emily Watkins por echarme una mano. —J. M.

BEACH LANE BOOKS • Un sello editorial de la División Infantil de Simon & Schuster • 1230 Avenida de las Américas, Nueva York, Nueva York 10020 • Texto © 2013 de H. Joseph Hopkins • Ilustraciones © 2013 de Jill McElmurry • Traducción © 2023 de Simon & Schuster, Inc. • Traducción de Inma Serrano • Originalmente publicado en inglés en 2013 por Beach Lane Books como *The Tree Lady* • Diseño del libro de Lauren Rille © 2013 de Simon & Schuster, Inc. • Todos los derechos reservados, incluido el derecho a la reproducción total o parcial en cualquier formato. • BEACH LANE BOOKS y su colofón son marcas de Simon & Schuster, Inc. • Para obtener información respecto a descuentos especiales en ventas al por mayor, llame a Simon & Schuster Special Sales, 1-866-506-1949, o escriba a business@simonandschuster.com. • El Simon & Schuster Speakers Bureau puede llevar autores a su evento en vivo. Para obtener más información o para reservar a un autor, póngase en contacto con Simon & Schuster Speakers Bureau, 1-866-248-3049, o visite nuestra página web en www.simonspeakers.com. • El texto de este libro usa la fuente Andrade. • Las ilustraciones de este libro fueron hechas en *gouache* sobre papel para acuarela de 300gr prensado en frío. • Fabricado en China • 0623 SCP • Primera edición en español de Beach Lane Books, octubre de 2023 • 2 4 6 8 10 9 7 5 3 1 • Library of Congress Cataloging-in-Publication Data • Names: Hopkins, H. Joseph, author. | McElmurry, Jill, illustrator. | Serrano, Inma, translator. • Title: La dama del árbol : la historia real de cómo una mujer amante de los árboles cambió una ciudad para siempre / escrito por H. Joseph Hopkins ; ilustrado por Jill McElmurry ; traducción de Inma Serrano. • Other titles: Tree lady. Spanish • Description: New York, NY : Beach Lane Books, [2023] | Translation of: Tree lady. • Identifiers: LCCN 2023001225 (print) | LCCN 2023001226 (ebook) | ISBN 9781665937979 (tapa dura) | ISBN 9781665937962 (rústica) | ISBN 9781665937986 (edición electrónica) • Subjects: LCSH: Sessions, Kate Olivia, 1857–1940—Juvenile literature. | Horticulturists—California—San Diego—Biography—Juvenile literature. • Classification: LCC SB63.S47 H6718 2023 (print) | LCC SB63.S47 (ebook) | DDC 635.09794/985—dc23/eng/20230215